De Las Calles al Altar

Un Encuentro Con Jesús

Tony Mejia

Copyright © 2023 Tony Mejia
All rights reserved.
ISBN: **9798860712164**

Reconocimiento

Me gustaría expresar mi sincero agradecimiento a Dios por encima de todo. A pesar de no merecer Su gracia, Él me alcanzó y me salvó. Ha sido fiel incluso en momentos en los que yo no lo fui. Quiero dar un agradecimiento especial a mi esposa, Heidy Mejía, por ser mi principal apoyo y creer en mí desde el principio. También debo mencionar a mis hijos, quienes continuamente me traen alegría y me animan a seguir la voluntad de Dios. Además, estoy agradecido por las hijas de mi esposa, quienes han sido una bendición increíble en mi vida. Cada una de ellas es especial, y realmente me enorgullezco de ellas. Oro para que Dios bendiga a todos aquellos que han brindado apoyo de alguna manera, especialmente a aquellos que han ayudado en la creación de este libro. Escribí este libro para llevar bendiciones a aquellos que se encuentran atrapados en un estilo de vida similar al que yo solía vivir. Está dedicado a los vencedores y a aquellos que experimentarán transformación a través del poder del Espíritu Santo. Que este libro encienda una respuesta divina en tu vida, y que también seas testigo del llamado de Dios. Que sea una fuente de bendiciones para muchos, permitiéndoles encontrar verdaderamente a Dios en sus propias vidas. Que el Señor Todopoderoso continúe bendiciendo tu vida y las generaciones por venir, todo en el poderoso nombre de Jesús. ¡Amén!

Para proteger la privacidad, los nombres de todas las personas mencionadas en mi testimonio han sido cambiados para evitar cualquier forma de reconocimiento.

CONTENTS

Reconocimiento iii
Prologo v
EL COMIENZO vi
ETAPA ADOLESCENTE 13
TRASLADADO A FLORIDA 19
MI VIDA DIO UN GIRO 24
TRASLADADO DE REGRESO A ORLANDO 31
¿QUÉ LO SIGUE? 35
LAWRENCE 42
TRASLADADO A GEORGIA 48
MI ENCUENTRO CON JESÚS 51
CAMINO CON CRISTO 59

Prologo

Cuando tuve la oportunidad de conocer o ver a Tony Mejía, fue en la iglesia donde él entregó un poderoso mensaje. Su amor y pasión por hablar de las maravillas de Dios impactaron profundamente mi vida. Poco sabía yo que, con el paso de los años, me encontraría nuevamente con él y eventualmente me convertiría en esposa de este hombre extraordinario a quien respeto y admiro profundamente. Antes de conocer a Dios, la vida de Tony estaba llena de placeres temporales ofrecidos por Satanás. Mi esposo, Tony Mejía, es un testimonio del poder de la oración. Su abuela, Mamá Luz, siempre creyó en él y vio el llamado en su vida. A través de su fe inquebrantable y perseverancia, ella influenció la vida de mi esposo, al igual que la de muchos otros. Hoy en día, somos testigos de los resultados tangibles y del increíble poder de la oración. Me llena de alegría presenciar y ser parte de cómo Dios ha restaurado cada aspecto de la vida de Tony. Te extiendo una invitación para que leas este poderoso testimonio, que demuestra el poder transformador de Dios.

Heidy Mejía

EL COMIENZO

Nací el 16 de junio de 1987 en Río Piedra, Puerto Rico. Sin embargo, mis padres Julio Mejia y Zelandia Mauricio ello es de la República Dominicana. Nos mudamos a un pequeño pueblo llamado Lawrence en Massachusetts, donde crecí en una comunidad de inmigrantes. En este pueblo, éramos solo mi hermano mayor Junior, mi hermana menor Nana y yo. Pasábamos nuestros días jugando diversos juegos, como handball y baloncesto, junto con muchas otras actividades al aire libre. Tengo recuerdos vívidos de mi infancia; fue realmente la mejor época de mi vida. A menudo teníamos muchas comidas, reuniones familiares y grandes fiestas. Las vacaciones eran especialmente especiales, ya que la familia de mi madre se reunía y celebraba con todos nuestros primos. Mi hermano Junior y yo competíamos en el coro y, como era de esperar, siempre terminaba perdiendo y teniendo que limpiar el baño y lavar los platos mientras él disfrutaba. Nuestros padres nos consentían con las mejores bicicletas, tenis y ropa.

Somos una familia de seis, con cuatro hermanos de parte de mi padre. Junior, el mayor, vivía con nosotros, y los otros tres, Jason, Jamie y Dailiene, que ella son gemelas. Luego estamos mi hermana pequeña Nana y yo, hijos de mi madre y mi padre. Mi papa nos llevaba cada fin de a visitar mi hermano y hermanas que vivían en Nueva York. Nuestros padres siempre se aseguraban de que tuviéramos todo lo que necesitábamos materialmente, pero faltaba algo: el amor de Dios.

La Biblia dice en Juan 3:16: "Porque tanto amó Dios al mundo que dio a su Hijo unigénito, para que todo el que cree en él no se pierda, sino que tenga vida eterna". Romanos 5:8 también nos dice que "Dios muestra su amor por nosotros en que, siendo aún pecadores, Cristo murió por nosotros". Y Romanos 5:2-5 añade: "Por medio de Cristo Jesús, Dios nos ha dado acceso a su gracia, en la cual ahora estamos firmes. Así que nos regocijamos en la esperanza de alcanzar la gloria de Dios. Y no sólo en esto, sino también en nuestros sufrimientos, porque sabemos que el sufrimiento produce perseverancia; la perseverancia, entereza de carácter; la entereza de carácter, esperanza. Y esta esperanza no nos defrauda, porque Dios ha derramado su amor en nuestro corazón por el Espíritu Santo que nos ha dado".

Sin el amor de Dios, no podemos brindar los mejores principios a nuestros hijos o a la generación más joven. El amor va más allá de simplemente comprar regalos o decir las palabras "te amo"; requiere acción.

Mis padres trabajaban día y noche; eran buenos padres, pero nunca se tomaron el tiempo para sentarse y tener conversaciones significativas con nosotros o entender nuestros sentimientos. Siempre estaban ocupados con los trabajos, y aunque aprecio todo lo que hicieron por nosotros, hubo momentos en los que las cosas materiales no importaban. Todo lo que necesitaba era que mis padres jugaran conmigo o simplemente me escucharan. A menudo anhelaba un abrazo o una conversación sincera de mi padre o mi madre, pero la mayoría de las veces estaban cansados por sus largas dia de trabajo. Cuando mi hermano Junior, mi hermana Nana y yo llegábamos a casa después de la escuela, nuestros padres todavía estaban trabajando. Esto fue un gran error por su parte. Ellos creían que mientras hubiera comida en la mesa, un techo sobre nuestras cabezas y nos compraran ropa y juguetes, era suficiente. Pero en realidad no lo era. Recuerdo a Junior escuchando a artistas de hip-hop como Wu-tang, DMX y muchos otros que ejercieron una gran influencia en nuestras vidas.

La vida de mi hermano dio un giro drástico cuando comenzó a juntarse con miembros de pandillas. Junior empezaba a llegar tarde a casa y a meterse en problemas. Recuerdo la discusión entre mi padre y mi hermano. Eventualmente, cuando Junior tenía apenas 15 años, mi padre tomó la difícil decisión de echarlo de la casa. Fue durante este tiempo que Junior se volvió rebelde hacia mi padre, convirtiéndose en enemigos. Perder a mi hermano mayor fue duro para mí, ya que era la única persona a la que admiraba aparte de mi padre. Sentí un gran vacío con su ausencia y fue difícil adaptarme.

Con el tiempo, me vi imitando el comportamiento de mi hermano. Empecé a vestirme con camisetas largas y pantalones anchos, al igual que él. Mi madre intentaba corregirme, pero gradualmente me volví más y más rebelde, aunque de una manera silenciosa y astuta. Actuaba de manera distinta en casa que cuando estaba por las calles. Durante ese período, mis padres a menudo vendían joyas de oro para ganar dinero. Si bien esto nos aportaba fondos sustanciales, también causaba un problema grave que casi le costó la vida a nuestra niñera, mi hermana Nana, mi madre y a mí. Todavía recuerdo vívidamente el incidente aterrador. Tenía solo cinco años en ese momento y mis padres siempre estaban trabajando, dejándonos al cuidado de una niñera. En esa noche fatídica, mi hermanita jugaba con sus juguetes en su habitación mientras yo veía una serie con la niñera. El ambiente esa noche se sentía diferente, con una sensación de pesadez en el aire y escalofríos recorriendo mi espina dorsal. No podía sacudir la sensación de que algo malo estaba a punto de suceder.

Cuando me atreví a mirar por la ventana, vi a dos hombres entrando al edificio. Solo unos minutos después, hubo un golpe en nuestra puerta. La niñera preguntó con cautela quién era, y ellos respondieron diciendo que eran amigos de mi padre, llamados José. La niñera les informó que no estaba en casa, pero ellos insistieron en que sabían que mi papa estaba de regreso del trabajo. Aunque inicialmente escéptica, la niñera se sintió obligada a confiar en ellos debido a su aparente conocimiento de mi padre. La niñera le quitó la laca de arriba y abajo de la puerta, dándose cuenta demasiado tarde de que estos hombres significaban daño. Dos hombres fácilmente dominaron a la mujer mayor y entraron a nuestra casa a la fuerza.

Una vez dentro, los intrusos agarraron a la niñera y la amenazaron con una pistola. Estaba aterrorizado y mi hermanita Nana lloraba de miedo. Reuniendo valor, me atreví a pedirles si podía ir al baño. Sorprendentemente, respondieron amablemente, asegurándome que todo estaría bien. Pero el miedo me agarró tan intensamente que me quedé paralizado y terminé orinándome de puro terror. Los ladrones luego encerraron a mi hermana Nana en el baño y volvieron su atención hacia mí. Exigieron saber dónde mis padres guardaban sus joyas de oro, y a regañadientes los dirigí a su habitación, señalando el primer cajón. Su decepción fue evidente mientras registraban la habitación, dándose cuenta de que no era el escondite que buscaban. Impacientes, me preguntaron si conocía otros posibles lugares de escondite, pero firmemente negué tener algún conocimiento al respecto. Su frustración creció y decidieron esperar a que mi madre regresara del trabajo.

Mientras tanto, los ladrones saquearon cada habitación, buscando en todas partes. Me sentaron en el mismo sofá donde había sentido tanto miedo al mirar por la ventana esa noche. Mientras revolvían la habitación de mis padres, me levanté en silencio y me dirigí hacia la puerta. La abrí, pero una voz en mi interior susurró: "Espera, si me voy, podrían hacerle daño a Nana". Así que regresé en silencio al sofá, decidido a proteger a mi hermana.

De repente, sonó el teléfono. Era mi mamá llamando, pero los ladrones habían advertido a la niñera: "Actúa normal o te mato". Así que eso fue exactamente lo que hizo. Eran alrededor de las 11:30 pm y mi mamá estaba de camino a casa. Sentía un miedo abrumador, temiendo lo que les pudieran hacer a mama. Una vez que mi mamá entró a la casa, ellos la agarraron de inmediato, la amordazaron y la ataron a una silla. En ese momento, temí por la vida de mi mamá. Sin embargo, rápidamente tomaron las joyas que habían estado buscando de su bolso y huyeron.

Finalmente, todo había terminado y nadie resultó herido. La niñera ayudó a mi mamá a desatarse, y ella de inmediato comenzó a hacer llamadas telefónicas. Mi papá llegó del trabajo en cuestión de minutos. Los primos de mi mamá acudieron rápidamente armados con bates, cuchillos y armas, pero los ladrones ya se habían escapado. Justo cuando creíamos que todo había acabado, mi mamá recibió una llamada desde la República Dominicana. Ella contestó, solo para escuchar a su hermana sollozando al otro lado. A través de llantos fuertes, mi tía reveló: "Papá acaba de fallecer". Mi mamá, ya destrozada por el robo, quedó completamente devastada por esta trágica noticia.

De Las Calles al Altar

ETAPA ADOLESCENTE

Cuando tenía 9 años, había un pequeño grupo de niños del vecindario que patinábamos, andábamos en bicicleta y bajábamos por colinas. Éramos bastante creativos y utilizábamos cartones de leche, rompiendo el fondo y clavándolos en un árbol para jugar al baloncesto. Incluso construimos un club en el árbol, el cual tenía un código secreto para entrar. Mis padres eran cercanos a la familia Díaz, compuesta por tres hermanos: James, el mayor, Joe, el hermano del medio, y Gio, el más joven. Éramos más que amigos, éramos como hermanos. A menudo dormía en su casa, jugábamos videojuegos y a veces hasta nos hacíamos bromas robándonos y marcando nuestros juguetes. También corríamos alrededor de los edificios jugando al escondite, siempre metiéndonos en algún problema.

Siempre fui visto como el cordero negro del grupo. Admiraba a mi hermano, Junior, y quería seguir sus pasos. Ya tenía 13 años y en la escuela quería ser parte del grupo popular. Me gustaba porque era gracioso y cool. Sin embargo, mi deseo de encajar me llevó a portarme mal en clase, convirtiéndome en el payaso de la clase y ganando detenciones. Fue durante este tiempo que empecé a sentir curiosidad por probar cosas que sabía que no debía. Para mí, todo comenzó con una mentira. Algunos de mis amigos fumaban cigarrillos y marihuana, y yo intentaba encajar diciendo: "Yo también fumo hierba", aunque nunca lo había hecho. Compartían historias sobre salir con chicas, beber y fiestear los fines de semana. Como no podía identificarme, fingía que también hacía esas cosas, inventando historias falsas para hacerles creer que era como ellos.

Un día, me invitaron a salir con algunos amigos del colegio, y ellos empezaron a enrolar un tabaco de marihuana. Supusieron que también fumaba y me invitaron a unirme. Tuve que mantener mi mentira y dije: "Por supuesto, pasa eso". No tenía ni idea de lo que estaba haciendo, pero seguí su ejemplo e inhalé el humo. Empecé a toser incontrolablemente, y ellos se rieron, diciendo: "Esa es buena hierba". Me hice el duro, pero en el fondo no tenía ni idea y simplemente seguía el ritmo. Después de fumar, sentí que mis ojos se ponían pesados y mi cuerpo se relajaba. También tuve un intenso antojo de comida, lo que ellos llamaban "munchies". Mientras seguimos pasando el rato, las conversaciones fluían y la risa llenaba la habitación. Fue una experiencia memorable, llena de risas hasta que nos dolían los estómagos. Ese fue mi primer encuentro con fumar marihuana.

Decidimos ir a una pizzería cercana y, por alguna

razón, tenía un fuerte antojo de papas fritas. Las cargué de ketchup y sal, y sabían increíbles, satisfaciendo mi apetito inusual. No podía negar que disfruté toda la experiencia. Me enganché y empecé a comprar mi propia hierba para poder fumar siempre con mis amigos. Lamentablemente, estaba ciego ante las consecuencias y hacia dónde este estilo de vida me podría llevar.

Mi padre comenzó a notar un cambio en mí. Un día, me miró a los ojos y concluyó que estaba fumando. Mi padre había vivido en las calles en su momento, así que no era tonto. Era estricto y trabajaba largas horas. No estaba contento conmigo y me confrontó al respecto, pero traté de restarle importancia, diciendo que solo estaba cansado. Sin embargo, él sabía que algo estaba mal y decidió observarme en silencio. Como cualquier adolescente típico, actuaba como si lo supiera todo. Empecé a vender marihuana y comencé a abrazar la vida callejera.

Para cuando tenía 16 años, era un desastre; peleando y consumiendo drogas. Pensaba que era genial porque las mentiras que me había estado diciendo a mí mismo se habían convertido en realidad. Aprendí de la peor manera que nuestras palabras tienen poder, así que debemos tener cuidado con lo que decimos y declaramos. En mi ciudad, había un conflicto entre los lados norte y sur. Vivía en el lado norte de Lawrence y asistía a la Escuela Secundaria Vocacional de Lawrence. Me gustaba la escuela porque preparaba a los estudiantes para el mundo laboral, pero la mayoría de nosotros no aprovechaba la oportunidad. Nuestras mentes ya estaban inclinadas hacia las calles. Una persona mayor una vez me dijo: "No des por sentado lo que tienes", pero desafortunadamente, eso es exactamente lo que mis amigos y yo hicimos. Nos involucramos en esquemas ilegales de hacer dinero, nos vestíamos para impresionar y tratábamos de tener relaciones con chicas. Nos saltábamos clases, jugábamos dados por dinero y las peleas siempre estaban a la vuelta de la esquina.

En la secundaria, enfrentábamos problemas con jóvenes del lado sur que se metían con algunos de mis amigos del vecindario, y eso escaló a confrontaciones físicas. Por eso, nos unimos para protegernos mutuamente. Fue una época loca. A menudo, mientras estábamos en la esquina, los chicos del lado sur venían a atacarnos, pero siempre estábamos preparados. Todos llevábamos teléfonos walkie-talkie Nextel, la forma más rápida de alertar a los camaradas cuando los enemigos estaban en nuestro territorio. A veces, mientras fumábamos y jugábamos PlayStation, escuchábamos a los enemigos afuera y uno por uno, nos levantábamos como soldados y corríamos a ayudar a quienes estaban siendo atacados. Siempre tomábamos al bando sur por sorpresa. Algunos de mis amigos decían: "Veamos cuántos podemos noquear", y salían armados con tubos y cuchillos. Sí, las cosas se volvieron locas a veces. Cuando la policía irrumpía en la cuadra, gritábamos "los cerdos" y corríamos al sótano de mi amigo. Después de que los policías se iban, liábamos un porro y nos reíamos de cómo los habíamos engañado, aunque algunos de nosotros estuviéramos golpeados y sangrando.

Ahora, mi hermano Junior está involucrado en una pandilla, lo cual le trae constantes problemas. Solía frecuentar los alrededores de los proyectos Jackson, donde había dos chicos de la zona sur que eran sus mayores enemigos. Un día, estalló una pelea entre ellos de inmediato. Mientras mi hermano lanzaba puñetazos, recibió múltiples puñaladas, alrededor de 6 en total. Cinco de las heridas de en su espalda, y una perforó su pulmón con un punzón de hielo. Sangraba internamente. La policía notó los agujeros en su camisa y lo llevó rápidamente al hospital. Estuvo en la unidad de cuidados intensivos (UCI) durante varios días. En ese momento, yo me estaba recuperando de un fuerte resfriado. Cuando mi padre recibió la llamada de que mi hermano estaba en estado crítico, nos apresuramos al hospital. La vista de mi hermano en ese estado me hizo sentir enfermo y enojado. Mi mente estaba llena de un torbellino de emociones. Afortunadamente, día a día, mi hermano mayor comenzó a recuperarse. Fue un susto muy grande y agradecí a Dios porque si hubiera actuado movido por mi ira, podría haber tomado la decisión equivocada.

Al darse cuenta de lo grave que se había vuelto la situación, mi padre comenzó a temer por mi seguridad. Había noches en las que tenían miedo de que no regresara a casa o que recibieran una llamada telefónica con la peor noticia para cualquier padre. Así que, mis padres llegaron a un acuerdo y decidieron que nos mudaríamos a Orlando, Florida, con la esperanza de que el cambio de escenario me ayudara a cambiar de rumbo en mi vida.

TRASLADADO A FLORIDA

El primer día de clases en el último año en Orlando, tuvimos que empezar de nuevo. Hacer nuevos amigos no fue tan difícil para mí. Sabía cómo socializar, pero siempre terminaba rodeado de la misma clase de personas. A veces puedes huir de tus problemas, pero si no enfrentas tus debilidades, seguirás sometido a ellas y quedarás atrapado en el mismo ciclo. Confrontar tus debilidades te permite crecer y madurar. Asistí a Oakridge High School, pero me quejé a mi padre: "Me sacaste de Lawrence para venir a esta escuela". Sentía como si estuviera en prisión. Sabía que no podría terminar la escuela secundaria allí porque había muchos problemáticos y sabía que me vería tentado a involucrarme. Entonces, mi padre habló con una familia que conocíamos de Lawrence, Massachusetts, que vivía en Kissimmee. Sugirieron que usáramos su dirección para que yo pudiera asistir a la escuela en su distrito y ser aceptado.

Así que lo hicimos, y fui aceptado en Celebration High en Kissimmee. Fue una experiencia diferente para mí. Sentía como si estuviera en Disney World. Era bastante diferente de los otros adolescentes de la escuela, pero acepté el cambio. Sentía que tenía la oportunidad de terminar la escuela secundaria e ir a la universidad. Sin embargo, mi tiempo en la escuela solo duró alrededor de dos meses antes de que me expulsaran por pelearme con el hijo del senador del condado de Osceola. No sabía que era el hijo del senador, pero me provocó.

En la última clase del día, estaba caminando con una chica llamada Melissa que se convirtió en mi amiga. Nos estábamos conociendo ya que era nuevo en la escuela. Luego, apareció el hijo del senador con un grupo de chicas y comenzó a burlarse de mí frente a ellas. Le dije: "No me conoces", pero continuó provocándome. Lleno de ira, me quité la mochila y lo confronté. Era mucho más alto que yo, ya que estaba en el equipo de baloncesto. Se burló de mí, llamándome matón, pero sonreí y respondí: "Está bien, si eso es lo que quieres". Me di la vuelta, sintiéndome molesto, agarré mi mochila y me fui con Melissa hacia la última clase del día. Estaba temblando, listo para pelear. Melissa pensó que nos conocíamos y simplemente estábamos bromeando, pero le dije: "No conozco al chico. Siento ganas de noquearlo".

La campana sonó y salí de la escuela para encontrarme con mi amigo, Jay. Él era la única persona que conocía, ya que habíamos crecido juntos en Lawrence. Le dije a Jay: "Siento que voy a golpear a alguien". Mientras miraba hacia el estacionamiento, vi al hijo del senador. Le dije a Jay: "Sostén mi mochila". Corrí hacia el auto del hijo del senador, abrí la puerta del conductor y le dije: "Sal. Vamos a pelear ahora mismo".

Él dijo: "No, solo estaba bromeando". Insistí: "No, sal ahora". Se disculpó, pero no podía dejar que se saliera con la suya al tratar de engañarme frente a los demás. Así que le di un puñetazo en la cara y se movió hacia el otro lado. Lo advertí, diciendo: "Es una advertencia. No te metas conmigo". Luego, corrí hacia mi auto, arranqué y me dirigí a casa de Jay. Nos reímos de lo que pasó y Jay me dijo: "Estás loco, hermano. Golpeaste al tipo equivocado. Es el hijo del senador". Yo era ignorante, diciendo: "No me importa. Sabes cómo nos las arreglamos".

A la mañana siguiente, conducía en mi auto, escuchando a Mobb Deep y fumando marihuana. Noté autos de policía cerca de la oficina y vi a Jay. Sugerí: "Saltemos la primera clase. Creo que los policías están aquí por mí, pero fumemos". Mientras estábamos allí, empecé a recitar un verso que había escrito la noche anterior para Jay. Él dijo: "Ey, eso es duro". Unos minutos después, los policías golpearon mi ventana y me pidieron que saliera del auto. Cumplí y, para mi sorpresa, el hijo del senador estaba con ellos. Mientras íbamos a la oficina, me preguntaron: "¿Conoces a este chico?" Yo respondí: "Nunca lo he visto en mi vida". Una vez en la oficina, me mostraron las imágenes de seguridad del día en que golpeé al hijo del senador. Dije: "Ah, cierto. Él estaba molestando. Le dije que se detuviera, pero no lo hizo". Me informaron que, debido a mis acciones, había sido expulsado de todas las escuelas de Florida solo por golpear a un estudiante. Mis sueños se habían desmoronado. Por primera vez, creí que podría llegar a la universidad, pero ahora todo se había ido a la basura. Su padre me llevó a juicio y tuve que hacer servicio comunitario. Incluso intentó ponerme en detención juvenil solo por golpear a su hijo. Fue increíble ver lo que el dinero y el poder podían hacer. Un solo golpe había borrado mi camino a través de la escuela. Mi padre estaba furioso, pero le dije: "Papi, la escuela no es para mí". Me sentía perdido, sin saber qué hacer a continuación. Le pedí a mi padre que me comprara una mezcladora para hacer música porque quería ser rapero. Me la compró y comencé a usar la música como una forma de expresarme.

Mis amigos solían decirme: "Ey, bro, tú tienes potencial". Así que perfeccioné mis habilidades de escritura, creando nuevas canciones con ganchos pegajosos todos los días. Empezaron a llamarme Sparkz porque fumaba demasiado. Uno de mis amigos dijo: "Ey, Sparkz, estás duro con esos temas". En ese momento, supe que tenía algo especial. Por fin había encontrado algo en lo que era bueno.

De Las Calles al Altar

MI VIDA DIO UN GIRO

¿Y ahora qué? Me expulsaron de la escuela y mi papá me dijo que consiguiera un trabajo. Así que eso hice, empecé a trabajar como ayudante de mesero en un restaurante llamado Smokey Bones. Estaba bien, pero no duró mucho. Todo lo que quería era dinero rápido, y limpiar mesas no era suficiente. Decidí comprar unas cuantas onzas de marihuana para empezar. Regresé a lo que mejor conocía, las calles. Me convertí en un producto de mi entorno, sintiéndome como un fracaso. Le había decepcionado a mi mamá y a mi papá, pero mi sueño de enriquecerme a través de la música seguía siendo mi principal objetivo. La música se convirtió en mi mejor opción para tener éxito. Así que empecé a conocer gente que compartía el mismo interés. Empecé a entender cómo funcionaban las cosas en Florida, porque el sur era muy diferente al norte.

Para cuando cumplí 18 años, las cosas comenzaron a mejorar. Estaba en el estudio, haciendo música con la mezcladora que mis padres me habían comprado, junto con un micrófono. Era yo y mi compadre, dos costarricenses llamados Dnice y su primo Nathan. Dnice era habilidoso en el rap; su improvisación era increíble, podía rimar de manera espontánea. Así que comenzamos a hacer música juntos. Él me ayudó a desarrollar mis letras y creía en mí. A menudo me decía: "Sparkz, tus corros son pegajosos".

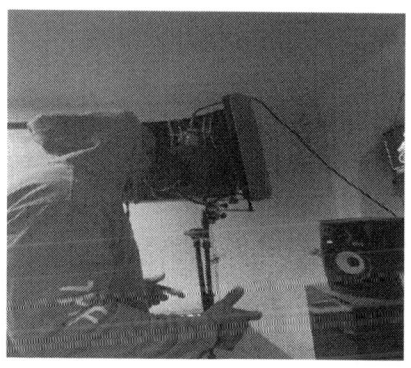

Antes de comenzar a escribir música, solía fumar y escuchar instrumentales durante horas. Era como si los ritmos me hablaran y las letras surgieran naturalmente. Mi ritmo era tan versátil. A partir de ahí, mi música comenzó a cambiar. A la gente le empezó a gustar mi música, pero eso no fue suficiente para empezar a ganar mucho dinero. Así que me encontré de nuevo en las calles vendiendo cocaína. Esto era mucho más rápido que vender marihuana, y el dinero llegaba rápidamente. Un día, quise saber cómo se sentía la coca, así que di mi primer pase. Realmente me gustó; me hizo sentir eufórico y emocionado toda la noche. Imagínate, un tipo grande drogado de coca, los ojos dilatados, la boca suelta, me veía intimidante y loco. Cada vez que usaba cocaína, me sentía preparado para cualquier cosa. Esa droga me tenía agarrado; me sentía invencible. Empecé con la marihuana y terminé consumiendo éxtasis y cocaína ocasionalmente.

Una noche, las mezclé y sentí que mi corazón latía tan rápido y fuerte. Sentía como si quisiera atravesar las paredes, pero al mismo tiempo, me decía a mí mismo: "Me siento que mi corazón va a salir disparado de mi pecho". Verdaderamente sentí que iba a morir en ese momento. Corrí al baño, fingiendo que iba a vomitar, pero no salió nada. Sentí un gran alivio y me dije: "Eso estuvo cerca". Dios me ha dado una oportunidad de vivir. Él conocía el propósito que tenía para mí y mi abuela nunca deja de orar por nosotros. Sé que esas oraciones me han salvado muchas veces en mi vida. Estaba cansado de Florida, así que decidí regresar a Lawrence de nuevo. Uno de mis amigos llamado Ace, con quien crecí, vino a Florida para que pudiéramos tomar el autobús Greyhound hasta Boston. La noche antes de que Ace y yo empezáramos a empacar, también llenamos dos cajas de black and mild con marihuana.

En cada parada de autobús en nuestro viaje hacia el norte, teníamos una espera de diez minutos, así que nos alejábamos de la estación para fumar. Volvíamos oliendo a marihuana durante todo el viaje. Después de 20 horas, finalmente llegamos a Lawrence. Mi primera parada fue en el bloque para fumar algo de marihuana que llevaba de Florida, con mi buen amigo Fred. Llamé a Fred, pero no contestó, así que grité: "¡Ey Fred, abre la puerta!" Cuando miró por la ventana, no podía creer que fuera yo. Bajó corriendo y estaba muy feliz de verme. "Hace mucho tiempo, hermano", dijo Fred.

Le pregunté si quería fumar, y él dijo: "Vamos a hacerlo". Así que entramos y comenzamos a fumar, recordando y riendo sobre viejos tiempos. Hablamos de algunas de las peleas que tuvimos con los chicos del lado sur y ponernos al día con nuestras vidas. Algunos de nuestros amigos vinieron a la casa de Fred, que era nuestro punto de encuentro. Decían: "¿Qué hay, Sparks? Estás de vuelta". Yo respondí: "Extrañaba estar aquí, hermano, pero sí, estoy de vuelta". Empezamos a pasar el rato y nos juntamos para una botella de licor. Fred me apartó y me contó lo locas que estaban las cosas, luego compartió la triste noticia sobre nuestro amigo JB. Yo le dije: "¿Qué le pasó?" Me dijo: "JB se fue". No podía creerlo. JB era uno de los jóvenes, pero tenía un gran corazón y era leal. Fred explicó que el mejor amigo de JB Charles lo había matado. Me quedé en shock porque JB era de los buenos. Después de nuestra conversación, volvimos adentro a seguir bebiendo y fumando. Una vez que terminé en la casa de Fred, fui a casa de mi hermano mayor JR. Estaba bien, pero él vivía con su actual esposa en un pequeño apartamento, así que dormí en el sofá.

Un día, Fred me llamó y me dijo que la gente de la zona sur quería pelear. Así que reunimos un grupo de alrededor de 12 personas, y cuando llegó la gente de la zona sur, venían acompañados de unas 15 personas. Se desató una pelea y en medio del caos, lancé un puñetazo a uno de los chicos de la zona sur. Desafortunadamente, debido a mi estado de embriaguez, no me di cuenta de que me había dislocado el hombro por el impacto. La intensidad de la situación hacía difícil sentir el dolor. De repente, llegó la policía y todos empezaron a correr. Yo me apresuré a cruzar la calle e intenté mezclarme con la multitud, fingiendo ser solo un espectador. Sin embargo, los oficiales me llamaron y empezaron a interrogarme.

Me pidieron mi nombre y les di uno falso que no pudieron verificar. Luego me pidieron mi número de seguro social, lo cual expuso mi mentira. Me arrestaron por proporcionar información falsa. Como aún no era fin de semana, pasé unas 8 horas bajo custodia antes de que me liberaran con $40. Me acusaron de allanamiento y encontré la situación algo divertida. La vida en las calles estaba llena de emociones, pero también de tensión.

En otra noche, nos unimos a otra pandilla que también tenía problemas con la gente de la zona sur. Con un grupo de unas 50 personas, nos preparamos para enfrentar a nuestros enemigos comunes. Bebíamos y nos alistábamos, creando un ambiente similar al de un vestuario de fútbol americano. Alguien declaraba: "Golpearemos a cualquier chico de la zona sur que nos encontremos" y todos gritábamos en señal de acuerdo. Alrededor de las 11 pm, llegó el momento de encontrarnos con la gente de la zona sur y nos pusimos en marcha. A medida que llegamos a la calle East Haverhill, nuestros grupos se separaron, rodeando a los enemigos. Mi grupo se posicionó en la cima de la colina, mientras que la otra pandilla se encontraba en la base. El grupo de la zona sur comenzó a salir de una fiesta y nos vieron, de inmediato hicieron algunas llamadas telefónicas. En cuestión de minutos, reunieron a unas 50 personas también. Solo había dos agentes de policía en la calle, pero éramos más, así que decidimos pelear. Nos lanzamos hacia los enemigos, con tubos en mano y lanzando puñetazos. La noche se sumió en el caos.

De repente, empezaron a llegar furgonetas de la policía y nos dispersamos en un intento de evadir su captura. Estábamos tan emocionados que íbamos de bloque en bloque, preguntando a personas al azar, "¿A qué pandilla perteneces?". La gente nos contactaba por el walkie talkie diciendo, "Los enemigos están aquí en la calle Park", y nos pusimos a correr para unirnos a la pelea. Fred se separó de nosotros y nos llamaba por el walkie talkie, pero no podía describir dónde estaba. Finalmente, lo atacaron. Lo golpearon con palos de golf e intentaron arrojarlo por un puente, pero no pudieron. Cuando finalmente llegamos a él, ya era demasiado tarde.

Fred estaba gravemente herido y parecía inconsciente. Lo golpeábamos para intentar que reaccionara, instándolo, "¡Fred, no te duermas! ¡Mantente despierto, Fred!" Nos aseguramos de llevarlo al hospital, lo cual logramos hacer hacia las 4 de la mañana. Fue la pelea más larga que habíamos presenciado. Al principio, los médicos no nos tomaron en serio. Sus preguntas iniciales fueron, "¿Estaba tomando alcohol? ¿Toma alguna droga?". Respondimos, "Tomó algunas bebidas". El médico entonces dijo: "Está bien. Podría ser el alcohol". Así que acabamos yendo a casa de Fred, y me aseguré de quedarme y cuidar de él. A la mañana siguiente, Fred se despertó con un fuerte dolor de cabeza por el ataque con el palo de golf. Nos reunimos y fumamos mientras discutíamos lo sucedido.

TRASLADADO DE REGRESO A ORLANDO

Mi vida estaba tomando un rumbo equivocado.
Dejé de hacer música y perdí mi enfoque. ¿Y ahora qué? Después de 6 meses, tomé la decisión de regresar a Orlando Florida. Era la segunda vez que me iba.
Las cosas se habían vuelto demasiado caóticas para mí en Lawrence. Me sentía estancado y sin rumbo. Empecé de nuevo reconectando con mis amigos, B y Jay. Estaban emocionados de verme. Salíamos juntos, fumábamos marihuana y les contaba historias locas sobre lo que había sucedido en Lawrence.

Su reacción era como, "¡Dios mío, eso es increíble!". Empecé a relacionarme con diferentes tipos de personas y eventualmente volví a vender marihuana. También conseguí un trabajo de 9 a 5 en una empresa de rufo, que duró unos 6 meses. Pero en el fondo, mi pasión por la música seguía llamándome. Tenía más historias que contar, luchas que compartir y nuevas experiencias para alimentar mi creatividad.

La gente se conectaba con mi música. El dolor y el hambre en mi voz eran únicos y realmente estaba viviendo lo que cantaba. Empecé a salir con mi prima, Misrelies. Pasábamos tiempo juntos. Un día, fui a una casa de vender droga para vender una onza de cocaína. Estaba drogado y llevaba una pistola conmigo. Después de completar la venta, recibí una llamada de mi hermana, Nana. Ella me dijo que estaba en casa de su amiga y había dejado su iPod en la mesa mientras iba a la piscina, pero ahora estaba desaparecido un iPod que mi mama le compro. Estaba claro que uno de los compañeros de cuarto de la mama de su amiga lo había tomado. Le pregunté dónde estaba y me dijo que estaba cerca de Oakridge, dándome las direcciones.

A pesar de estar drogado y llevar una pistola de nueve milímetros, llegué al complejo de apartamentos y llegue a la puerta. Un mucho que era el hermano menor del que se robó el iPod, y estaba hablando por teléfono, abrió la puerta. Tan pronto como la cerró, apunté la pistola a su cabeza y exigí saber dónde estaba el iPod de mi hermana. Él afirmó que no sabía de qué hablaba.

Mi hermana estaba en shock, nunca imaginó que yo fuera capaz de tales acciones. Insistía en que no era él, sino el hermano mayor. La esposa del hermano mayor salió de su habitación, tratando de calmar la situación, pero la advertí que se quedara callada o que si no le pegaba un tiro. Con el hermano mayor todavía en el baño, reuní a todos en una habitación. Llamé a la puerta del baño y ordené al hermano mayor que saliera de inmediato. Mientras le interrogaba sobre el iPod de mi hermana, de repente el hermano menor salió corriendo y huyó de la casa.

Luego les informé que, si no entregaban el iPod en tres días, mis amigos jamaicanos incendiarían el apartamento. Con eso, le dije a mi hermana que teníamos que irnos, ya que seguramente el hermano menor había llamado a la policía. De camino a casa, mi hermana estaba nerviosa, ya que no esperaba que yo actuara de manera tan violenta ni que tuviera un arma.

La madre de la amiga de mi hermana Nana llamó al teléfono de mi mamá, pero yo lo tenía conmigo y contesté. Estaba furiosa y me decía: "Vas a ir a la cárcel por lo que hice". Yo respondí: "No me importa, le quitaron algo a mi hermana", y luego colgué. Cuando llegué a casa, mi mamá salió gritando, con lágrimas en los ojos, preguntándome si tenía una pistola. Le aseguré:

"No, mamá, te juro que no". Mi mamá temblaba y decía que la policía estaba en camino. Corrí hacia mi carro y me alejé a toda velocidad. Llamé a mi hermana y le dije que tirara las drogas al inodoro porque sabía que me estaban buscando. Conduje hacia la casa de mi amigo en Altama Strings para esconderme y, afortunadamente, lo logré. Unos cuatro helicópteros me buscaban y sobrevolaban la casa de mi mamá, buscándome. Estaba lleno de nervios; la vida de repente se había vuelto seria para mí.

Mi padre me advirtió que no llamara ningún número porque la policía había intervenido todos los teléfonos. Mis padres estaban destrozados, todo su esfuerzo por criarme parecía haber sido en vano. Contrataron a un abogado para evaluar mi caso. Inicialmente, expresó preocupación, diciendo: "Esto es grave". Me informó que intentaban acusarme de allanamiento de morada. Sin embargo, el abogado me aconsejó mantener un perfil bajo hasta que encontrara cómo asegurar un mejor trato judicial. Le dije a mi padre que volvería a Lawrence, pero no podía aceptar la posibilidad de enfrentar de 20 años a cadena perpetua. Mi mamá habló con la víctima y llegaron a un acuerdo para no presentar denuncia. Eso me salvó y finalmente se retiraron los cargos en mi contra. Podrías pensar que esto me abriría los ojos, pero no fue así. Aún creía que podía eludir una vida de crimen.

¿QUÉ LO SIGUE?

Mis padres me preguntaron: "¿Y ahora, Tony? ¿Qué vas a hacer con tu vida?". Les respondí: "Cómprenme unas máquinas de cortar el pelo para que pueda aprender" Sentí que era el momento de hacer las cosas bien. Le pregunté a mi peluquero si sería posible que me enseñara, y él aceptó. Empecé a aprender a cortar el pelo y eventualmente comencé a trabajar en la peluquería. Recuerdo que al principio era terrible cortando el pelo. Cada vez que cometía un error, mi peluquero me ayudaba a arreglarlo y me señalaba mis fallas. Le estuve muy agradecido por eso. Con cada corte, me iba volviendo mejor y mejor. Sin embargo, parecía que los conflictos siempre me seguían. Un día, mientras le cortaba el pelo a un cliente, cometí un error, así que lo pasé a otro de los barberos más experimentados de la peluquería. Noté que el peluquero se reía como si se estuviera burlando de mí.

Lo enfrenté y le dije que no estaba bien. Unos minutos después, me llamó hacia atrás y sacó un cuchillo, agitándolo hacia mí. Corrí alrededor del auto tratando de evitar que me apuñalara. Finalmente, se calmó y regresó al interior. Decidí recoger mis cosas y marcharme. Me sentía tan avergonzado, pero no iba a dejarlo así. Fui a Walmart y compré un cuchillo y un bate. Durante los siguientes tres días, no podía dormir, consumido por pensamientos de querer lastimar al peluquero. A la mañana siguiente, estacioné mi coche en la parte de atrás de la peluquería y lo vi limpiando su auto. Quería atacarlo y pincharlo con el cuchillo unas cuantas veces, no demasiado profundo, solo lo suficiente para que lo sintiera. Brevemente entró, así que me acerqué con cautela sosteniendo el bate.

Mientras esperaba que regresara, mi ira crecía. Cuando finalmente apareció, empecé a golpearlo. Amenazó con matarme, pero cuanto más amenazaba, más fuerte golpeaba con el bate. A medida que pasaban los minutos, pidió ayuda a gritos, suplicando asistencia. Mi amigo se rió y le recordó que no debería haberme tratado mal unos días antes. Después de varios minutos, me detuve y rápidamente corrí hacia mi coche para escapar. Más tarde, mi peluquero me llamó, riendo. Me dijo: "Sparkz, estás loco, pero ese tipo no tiene problemas contigo. No quiere más problemas". Le dije que todo estaba bien y lo dejé así.

La policía fue llamada por los trabajadores que estaban arreglando las luces y fueron testigos de lo que sucedió. Cuando la policía llegó, preguntaron sobre el incidente con el hombre al que golpeé con el bate, pero él dijo que no había sucedido nada. Así que decidí mudarme a Deltona, Florida y comenzar de nuevo. Allí, empecé a cortar el pelo en la barbería de Santi.

Rápidamente gané muchos clientes, pero estaba drogado de marihuana todos los días. Fue durante este tiempo que hice amistad con Wane. Él acababa de salir de la prisión después de cumplir alrededor de 2 años, y también estaba involucrado en la música. Un día, comenzamos a improvisar juntos y decidimos pasar el rato. Él me llevó a un estudio al que solía ir. La primera vez que grabé mis voces en una pista, todos quedaron encantados. El estribillo estaba genial. A partir de ese momento, formamos un grupo llamado "God-like", nombre sugerido por el productor, Zeus. Nos gustó y decidimos seguir adelante, porque simplemente queríamos comenzar en algún lugar.

Constantemente estábamos grabando canciones. Un día, estaba pasando el rato con una chica afuera de su casa, fumando un cigarrillo y tomando una cerveza. De repente, noté a un tipo grande acercándose desde lejos. Pensé que parecía sospechoso. A medida que se acercaba, me puse un poco nervioso y sostenía la botella de una manera que podría romperla en su cabeza si hacía algo loco. Pero él me miró y dijo: "¿Dime aver? Déjame hablar contigo". Así que me acerqué a él y comenzamos a hablar. Se presentó como G, y yo respondí: "Sparkz". Pude ver que era auténtico solo con verlo a los ojos. Me dijo que no conocía a nadie y acababa de llegar de Nueva York. De inmediato conectamos. Había pasado alrededor de 10 años en prisión y tenía un rango alto en los Bloods de Nueva York. Intercambiamos números y comenzamos a salir juntos. Era salvaje pero tranquilo, siempre tratando de mantener una actitud positiva a pesar de su reputación como alguien con quien no debes meterte. Me mudé con un grupo de personas y todo era caótico. Había 3 habitaciones y 6 adultos, junto con unos cuatro niños. Algunos de mis compañeros de cuarto eran irresponsables y dejaron de pagar, lo que nos hizo perder el agua. El baño estaba desordenado y sucio. Tenía que ir de incógnito a la casa del vecino por la parte de atrás cada vez que no estaban en casa solo para obtener agua para ducharme y cepillarme los dientes.

Esta fue una lucha como ninguna otra. Nunca había experimentado dificultades tan grandes, apenas sobreviviendo con macarrones con queso o una taza de sopa casi todos los días. Había mucho drama en esa casa. La pareja que vivía allí solía discutir delante de sus hijos, e incluso delante de nosotros. Me enfurecía tanto que al final decidí regresar a casa de mis padres.

Cuando cumplí 18 años, empecé a trabajar como portero en un club gracias a mi amigo Jean que me consiguió el trabajo. A veces me asignaban a la sección VIP y me llenaba de orgullo, sintiéndome importante. Siempre estábamos preparados para una pelea. Jean y yo éramos los porteros más jóvenes, pero éramos imprudentes.

Hubo un incidente en el que el dueño del club planeaba agredir a alguien, y eso fue la gota que colmó el vaso para mí. Me di cuenta de los problemas que conllevaba trabajar como portero, así que decidí renunciar.

En una ocasión, alrededor de la 1 de la madrugada, el dueño daba una señal y todos los porteros comenzábamos a golpear a la persona señalada. Se convirtió en caos. Se lanzaban botellas, se volteaban mesas; era como si una tormenta hubiera pasado por el club. Esa fue mi última noche allí. Recuerdo que era el cumpleaños de PJ, y fui a celebrar con ellos. Tenían Bacardi Limón, y aunque normalmente prefería licores oscuros, dije: "Vamos a hacerlo". Mezclé el Bacardi con jugo de naranja mientras Nathan enrollaba un porro.

Estaba bebiendo el Bacardi como si nada. Dnice me advirtió: "Sparkz, tómalo con calma. El Bacardi te afectará de repente". Pero lo deseché, insistiendo en que estaba bien. Nathan puso algunas instrumentales y empezamos a improvisar. Estábamos en la zona, sintiendo el ritmo. Decidimos ir a Coco Bongo's para relajarnos un poco. Acepté, y continuamos bebiendo.

Una vez que llegamos al club, saludé a algunos de los porteros y fui directo a seguir bebiendo. Pensaba que iba bien, o al menos eso creía. Luego, de repente, me encontré sentado en el escenario mirando mi reloj, que marcaba la 1 a.m. A partir de ese momento, todo se volvió confuso. Me desperté al día siguiente, abrazando el inodoro a las 2 p.m., mientras mi tío exigía usar el baño. Tenía dolor, todo daba vueltas y me sentía terriblemente mal del estómago. Nunca me había sentido así. Mi madre me dijo que había llamado a mis amigos para disculparme, pero estaba confundido y le pregunté de qué estaba hablando. Ella explicó que había vomitado por todo el auto de mi amigo. Pensando que estaba bromeando, llamé a Dnice y le pregunté: "Oye, ¿es verdad que vomité en el auto de tu primo?". Dnice lo confirmó diciendo: "Sí, hermano, lo hiciste, pero no te preocupes, mi primo lo arregló".

Miré mis manos y me di cuenta de que me faltaba el anillo que mi padre me había dado. No tenía dinero sobrante de esa noche, estaba completamente confundido. Le pregunté a Dnice qué había sucedido la noche anterior y a qué hora había llegado a casa. Dnice respondió: "Bueno, estabas bien, sonabas ebrio pero estabas bien. Todo se complicó cuando subimos al auto. Tu cabeza comenzó a girar y comenzaste a vomitar. Pero cuidamos de ti. Te trajimos a casa, te quitamos la ropa y te echamos agua con la manguera de tu casa. Luego te llevamos a la puerta principal y tocamos. Tus padres abrieron la puerta, asustados y pensando que te había sucedido algo. Les aseguramos que estabas bien, solo habías tomado demasiado. Llegamos a casa a las 4 a.m."

¡Guau, las 4 a.m.! Me sorprendí y me sentí culpable durante toda una semana. Dios una vez más me protegió. Si mis amigos no fueran verdaderos amigos, podrían haberme dejado en el club y tal vez no habría podido contar esta historia. Pero Dios sabía que algún día me acercaría a Él, así que me mantuvo con vida. Mis amigos me mostraron mucho respeto y estoy agradecido por lo que hicieron. Esa fue la última vez que mezclé bebidas de esa forma. Desde entonces, cada vez que salimos a beber, compro una botella pequeña separada solo para mí para controlar mi consumo. La vida es corta y he experimentado algunos momentos en los que sentí que estaba muriendo, pero esta vez fue diferente. Me desmayé por completo en cuestión de segundos. Podría haber desaparecido. Lección aprendida: esto nunca puede volver a suceder. Fue la peor experiencia.

LAWRENCE

Mi padre me dio una oportunidad de regresar a casa, estableciendo reglas claras que debía seguir. Me advirtió que si las rompía, me echaría. Al principio, todo iba bien. Estaba decidido a mejorar y seguía saliendo con el mismo círculo de amigos, esperando que las cosas cambiaran. Pero lentamente, los viejos hábitos empezaron a regresar. Comencé a vender marihuana y cocaína nuevamente, incluso llevando drogas a la casa de mis padres. Todos los días, cuando no estaba en casa, papá inspeccionaba mi habitación, ya que la confianza se había perdido entre nosotros.

Un día, regresé a casa y mi padre me llamó al garaje, pidiéndome que me sentara. Colocó todas las drogas sobre la mesa delante de mí. Dijo: "¿Qué te dije sobre esto? Sabía que no ibas a cambiar, a pesar de haberte dado una oportunidad". Yo respondí: "Lo siento, papá, pero esto es todo lo que sé". Él dijo seriamente: "Bueno, no puedes vender esto en mi casa. Empaca tus cosas y vete". Yo respondí: "Lo entiendo". Sin saber a dónde ir, me puse en contacto con mi otro hermano, Jayson, quien vivía en Georgia. Le pregunté si podía vivir con él y aceptó, diciendo: "Ven". Al día siguiente, me dirigí a Georgia. Mis hermanas gemelas también vivían allí, junto con la madre de mi hermano. Aunque nunca habíamos vivido juntos antes, marcó un nuevo capítulo en mi vida. Georgia era muy diferente a lo que estaba acostumbrado, pero me gustaba. Mi hermana, Daliene, y yo nos llevamos bien, especialmente porque ambos fumábamos marihuana. Jayson estableció las reglas, enfatizando que no podía vender drogas allí. Acepté, principalmente porque no conocía a nadie en la zona. Incluso mi hermano me ayudó a conseguir un trabajo en la tienda de cambio de cheques donde él trabajaba. Estaba aprendiendo y acostumbrándome a lidiar con grandes sumas de dinero. Siempre me drogaba antes de trabajar. Duré alrededor de dos meses, pero luego me despidieron porque faltaba dinero en la caja registradora. Cometí algunos errores.

Ahora, mi cumpleaños estaba a solo una semana de distancia, el 16 de junio. Me estaba preparando para cumplir 20 años. Mi hermana Daliene y el novio de mi hermana Jamie, Jeremy, habían planeado salir a una discoteca en el centro de la ciudad. Así que, cuando llegó el día, me preparé para la noche. Terminamos yendo a la discoteca. Cuando llegamos al centro de Atlanta, entramos al club subterráneo por la entrada trasera. Una vez adentro, no pidieron identificación. Estaba emocionado. Había muchos clubes ahí abajo, y fuimos a la zona de hip hop. Tomamos algunas bebidas. A la 1:30 a.m., los tres decidimos dar por terminada la noche y regresar a casa. Mi hermano Jayson no vino con nosotros porque estaba cansado de un partido de fútbol. Cuando llegamos a casa, empezamos a beber con mi madrastra, quien me quería como si fuera su propio hijo. Con el tiempo, me cansé de vivir en Georgia. Era demasiado rural para mí. Cerca de seis meses después, tomé la decisión de volver a Florida. Nadie quería que me fuera, pero era hora. La vida iba bien ahora. Me había convertido en padre, así que tenía que dar un buen ejemplo. Mi hija estaba creciendo y, financieramente, las cosas iban bien. Estaba de vuelta con la música, trabajando duro. Finalmente, lancé mi primer mixtape con Wane. Comenzamos a repartir CDs para que la gente se familiarizara con nuestra música. La respuesta de la gente fue positiva. Esto solo alimentó nuestro deseo de dejar una marca en el mundo de la música. Algunas personas ya estaban preguntando cuándo saldría nuestro próximo CD porque les encantaba nuestra canción. La gente estaba sintonizada y amaba nuestra música. Pasábamos horas y horas en el estudio, grabando canciones y reservando espectáculos.

Mi amigo G siempre estaba ahí para mantenerme centrado y enfocado en mi música. Me daba un amor duro, pero él veía la grandeza dentro de mí y me impulsaba a sacarla. Estaba lleno de confianza y improvisaba en cualquier lugar donde iba. La gente podía percibir mi ansia y mis estribillos eran tan pegadizos que se quedaban instantáneamente en la mente de las personas.

Siempre que íbamos al club, mi primer movimiento era comprar dos bebidas para el DJ para que pusiera mi música. Era una estrategia que usábamos para hacer que mi música se escuchara y evaluar la reacción de la multitud. Mientras tomaba Hennessy y fumaba marihuana en el club, de repente escuché una de mis canciones sonando. Mis amigos se emocionaron y empezaron a repetir la letra. Incluso aquellos que no conocían la canción la tarareaban como si la conocieran. Desde ese momento, supe que tenía una oportunidad. Se acercaba el día de mi primer concierto y mi equipo y yo nos estábamos preparando.

Me sentía nervioso, pero mientras fumara mi marihuana, entraría en mi zona. Finalmente, llegó el día. Nos estábamos preparando para subir al escenario y encontramos un rincón para relajarnos y esperar nuestro turno. Vimos a otro rapero mostrando su talento y aunque eran buenos, en el fondo sabía que éramos mejores. Cuando nos llamaron, me puse el sombrero bajo y subí al escenario como si supiera exactamente lo que estaba haciendo. Para nuestra primera vez, lo hicimos genial. Wane, Tone, Zues, y luego fue mi turno, juntos dominamos ese escenario. Podía ver desde el escenario cómo la gente se metía en la música y preguntaba: "¿Quién es este grupo?" Dejamos a la multitud perpleja.

Después de nuestra actuación, salimos a festejar. Eran las 3 de la madrugada y nos entregamos a inhalar cocaína, beber, fumar marihuana y disfrutar de la noche. Nuestra reputación crecía y ganábamos respeto. Le solía decir a mi mamá que algún día me haría rico a través de la música, y ella estaba feliz por mí pero aun así preocupada por el peligro que me rodeaba. Estaba rodeado de personas reales y nadie se atrevía a meterse con G. Me echaron de la barbería de Santi cuando el dueño me vio vendiendo marihuana a alguien un día. No quería ese tipo de negocio cerca de su tienda. Así que fui a otra barbería llamada BX Cuts. Estaba en una excelente ubicación y tenía muchos clientes. El dueño incluso me dio una llave para cerrar si quería. Había unos diez barberos y todos estábamos ganando mucho dinero. El barbero a mi lado, Franky, era cristiano y siempre hablaba de Dios. Lo respetaba, pero en ese momento no tenía interés en conocer a Dios.

A medida que crecíamos en nuestra música, había mucha tensión en mi equipo. Teníamos muchos problemas. A G no le agradaba el camarógrafo, Mike, porque me advirtió que no confiara en él, ya que solo pensaba en sí mismo. Wane también tenía algunos problemas y Zues ya no quería trabajar con nosotros. Así que encontramos otro estudio con mejor calidad de sonido y tarifas más accesibles.

Wane y yo eventualmente tomamos caminos separados y empecé a trabajar en mi álbum llamado "Nueva Dirección". Me esforcé al máximo, grabando cuatro demos para empezar a promocionar el álbum. Asistí a un show de apoyo para un grupo de nueve raperos llamados KPE. Tenían problemas con su manager y decidieron no presentarse esa noche. El manager se acercó a mí y me preguntó si podía ocupar su lugar, ya que su grupo no iba a subir al escenario. Le dije: "Sí, estoy listo". Lo vi como una oportunidad y la aproveché. G me dijo: "No estás preparado, Sparkz", pero yo respondí: "Sí, lo estoy. Ya lo verás". Me llamaron y dijeron: "Eres el siguiente". Estaba listo y en mi zona. Subí al escenario y le pedí al DJ que pusiera un ritmo del norte y empecé a romperlo.

Después de terminar la primera canción, le pedí al DJ que pusiera un ritmo del dirty south para la segunda canción. La multitud se volvió loca y miré a G, quien sonrió. La gente disfrutaba de la música. El presentador enloqueció después de mi actuación y algunos pensaron que ya era famoso. Cuando terminé, bajé del escenario y G me estrechó la mano. Me dijo: "Sabía que podías hacerlo. Solo te impulsé al siguiente nivel". Después de ese show, empecé a recibir más oportunidades de eventos. Tuve uno en Orlando y también lo bordé allí.

En un momento, la gente comenzó a reconocerme por espectáculos anteriores. Me sentía en la cima del mundo. Todo lo que quería con mi música se estaba haciendo realidad. Tenía algunas discográficas pequeñas que querían trabajar conmigo, pero los contratos no eran la decisión correcta. Sin embargo, mantuve la paciencia porque sabía cuánto valía.

TRASLADADO A GEORGIA

Compré un Honda Accord del año 2006, con transmisión manual de 5 velocidades, en Lawrence, Massachusetts, a pesar de vivir en Florida. Decidí mantener las placas de Massachusetts en mi auto. Cuando venció mi registro, tuve que conducir de vuelta a Massachusetts para renovarlo. Aproveché la oportunidad para divertirme durante la Navidad y el Año Nuevo con mis amigos y familiares. Disfrutaba de conducir, por lo que el largo viaje no me molestaba. Esta vez, hice el viaje a Lawrence solo y logré llegar en 19 horas.

Volver a casa era emocionante para mí. La deliciosa comida y bebida, y lo más importante, ver a mis amigos. Dondequiera que fuera, había abundancia de comida y licor. Mis padres organizaron una gran fiesta en el sótano remodelado, que se sentía como un miniclub. Tenía un bar, una mesa de billar y una pista de baile donde bailamos música latina como salsa, bachata y merengue. Nos divertimos mucho durante esos días, festejando hasta las 6 de la mañana.

Durante mi visita de 7 días, no buscaba problemas y, por la gracia de Dios, logré mantenerme alejado de ellos. Registré mi auto y estaba listo para partir. Disfruté de la compañía de mi familia y amigos, y en Nochevieja, visité diferentes casas para celebraciones. En el último día antes de regresar al sur, me sentía eufórico y llevaba una botella de Hennessy en mi bolsillo trasero. Mi mamá me llamó a la habitación y me miró a los ojos mientras decía: "Vas a ser predicador". Me reí por fuera, pero por dentro, sus palabras me impactaron. Mi mamá no era cristiana en ese momento, pero había sido criada en un hogar cristiano.

Mi abuela, una guerrera de oración, constantemente intercedía por nuestra familia. Incluso había emprendido un ayuno de 40 días y 40 noches en nuestro nombre. A través de sus oraciones, muchos de nosotros habíamos encontrado a Dios y experimentado Su presencia. Mi tío, que vive en Puerto Rico, se liberó de la adicción al alcohol. Solía beber en exceso, pasando todo el fin de semana bebiendo y luego descansando todo el día el domingo. Mi hermana, Nana, se liberó del lesbianismo y abrazó el cristianismo. Estaba feliz por ella. Además de esto, mi primo de Nueva Jersey fue diagnosticado con cáncer de piel. No lo podía creer. Mi madre me dijo que iba a empezar el tratamiento el día antes de contarles a sus padres, "Este Año Nuevo, si ustedes no beben para Año Nuevo, vengan a mi iglesia y pasemos en casa como una familia sin alcohol. Dios me sanará".

Mi primo tenía una gran fe en Dios. Así que mi tía y mi tío aceptaron su solicitud. Al día siguiente, mi primo se despertó y mi tía le preguntó cómo se sentía. Mi primo respondió con confianza: "Les dije que Dios me sanará". Mi tía no prestó mucha atención a la idea de la sanación, sino que solo se enfocó en la enfermedad.

Cuando llegaron al hospital para el tratamiento, el médico realizó algunas pruebas para ver cómo avanzaba el cáncer. Para asombro de todos, el médico le preguntó a mi primo: "¿Dónde está tu cáncer?" Mi primo respondió calmadamente: "Dios me sanó". ¡El médico exclamó: "Es un milagro!" Gracias a mi tío, mi hermana y mi primo, nuestra familia se acercó a Cristo. Todos estos sucesos extraordinarios ocurrieron durante el ayuno de 40 días y 40 noches de mi abuela. Para aquellos que están orando por sus familiares, declaro sanidad sobre sus vidas en el nombre de Jesús. Oro para que, así como Dios rompió cadenas en sus vidas, también lo haga en la tuya.

Estaba impactado por estos sucesos. Siempre había creído que Dios podía sanar, pero nunca realmente lo conocí. Sin embargo, guardé esta revelación para mí mismo porque sentía que no era el momento adecuado. Al día siguiente, reuní todas mis pertenencias, especialmente la marihuana, y me despedí de mi familia.

MI ENCUENTRO CON JESÚS

Sé que no era una persona perfecta, pero esos testimonios me impactaron profundamente mientras conducía de regreso a la Florida. Estaba fumando, como de costumbre, pero esta vez mis pensamientos se consumían en cómo Dios había transformado a algunos de mis familiares y había sanado a mi primo del cáncer. Después de un largo viaje de 21 horas, finalmente llegué a mi apartamento. Volver de Lawrence se sentía diferente esta vez.

    Todos los días en Florida, me encontraba con personas hablando de Dios al azar, lo cual me parecía extraño. Empecé a darme cuenta de que Dios estaba tratando de llamar mi atención. Era hora de que abrazara la luz. Una semana después, llegué a la barbería para comenzar el día. Estaba extremadamente ocupado, pero en este día en particular, alrededor de cinco personas me dijeron que tenía un llamado con Dios. Sentía como si Dios estuviera hablando directamente conmigo. El día tomó un giro aún más extraño cuando una mujer llegó a la barbería alrededor de las 7 p.m. para cortarle el pelo a su hijo. Tan pronto como ella entró, todos los demás en la barbería se fueron. Uno de ellos me preguntó: "Sparks, ¿estás cerrando?" Les aseguré: "Sí, yo me encargo".

Mientras le cortaba el pelo al niño, la mujer comenzó a compartir su testimonio conmigo. Al principio, no le prestaba mucha atención, pero luego mencionó cómo Dios había sanado a su esposo del cáncer. Quedé asombrado. Me recordó cómo Dios también había sanado a mi primo. Sentí escalofríos y tuve ganas de llorar, pero me contuve. Su testimonio resonó profundamente en mí, despertando el deseo de entregarme, aunque sabía que aún tenía muchas batallas por enfrentar. Ella me dijo las mismas palabras que mi madre me había dicho antes de que condujera de regreso a Florida, que me convertiría en predicador. Luego me preguntó si podía orar por mí, y yo respondí: "Claro". Las oraciones tienen poder y la fe puede mover montañas.

Cuando llegué a mi apartamento, mi hermano Jayson me llamó e invitó a su boda. Sonaba tan feliz mientras me contaba sobre su futura esposa y cómo había cambiado. Dijo: "He estado muy bien, hermano. Comencé a ir a la iglesia con mi futura esposa". Me quedé sorprendido. Compartí todo lo que había estado sucediendo en mi vida con mi hermano, y él sugirió: "¿Por qué no pruebas a ir a la iglesia?". Después de una larga conversación con mi hermano, colgué el teléfono y apagué la televisión. También decidí dejar de fumar marihuana. Me arrodillé y oré sinceramente a Dios: "Si eres real, entra en mi vida". Aunque era una oración sencilla, oré desde lo más profundo de mi corazón y sentí que Dios me escuchó. Al día siguiente, me acerqué a mi amigo Franky y le dije que quería aceptar a Jesús. Nos paramos frente a la tienda y Franky oró por mí. Recité una oración de salvación y las lágrimas caían por mi rostro sin control. El Espíritu Santo me purificó mientras las lágrimas rodaban por mis mejillas.

Al despertar al día siguiente, me sentía completamente diferente. Todo parecía más brillante y me sentía más ligero. Mientras me dirigía a la tienda, estaba lleno de un profundo sentido de paz, algo que nunca había experimentado antes. Dejé de fumar cigarrillos y de beber, y la transformación fue instantánea.

Aunque no dejé de fumar marihuana de inmediato porque solía creer que provenía de la tierra, un día ocurrió algo extraordinario. Estaba en mi coche, fumando marihuana mientras escuchaba música cristiana. De repente, escuché una voz en mi espíritu interior que decía: "¡Te estás destruyendo!" Era como si alguien estuviera allí conmigo; la voz era cristalina. Estaba nervioso y sorprendido. Me di cuenta de que lo que estaba haciendo no agradaba a Dios. Lancé la marihuana por la ventana y, en menos de una semana, me liberé de la marihuana, las drogas, el alcohol y más. No necesité ir a rehabilitación porque Jesús fue mi rehabilitación. Fue una transformación completa. En solo una semana, me convertí en un hombre nuevo, algo que mi madre había intentado lograr en los 11 años de mi vida en las calles. Dios intervino y me transformó por completo. A veces, debemos permitir que Dios transforme a las personas en lugar de forzarlas.

Llamé a mi mamá y le dije: "Mamá, he aceptado a Jesús en mi corazón. Lamento mucho haberte causado tanto dolor". Podía escuchar la alegría en la voz de mi mamá, aunque también pensaba que tal vez me estaba volviendo loco o jugando. Pero le aseguré que lo decía en serio. Ella estaba llena de alegría, las lágrimas fluían mientras expresábamos nuestro amor y gratitud. También hablé con mi hermanita y le pedí disculpas por no haber estado ahí para ella. Le expliqué que no quería que me viera en la calle, porque sabía que había sido una mala influencia. Nana se alegró por mi conversión y hubo una transformación inmediata en nuestra relación. Le pedí a mi mamá el número de teléfono de mi abuela en la República Dominicana. Cuando la llamé, exclamé: "¡Abuela! ¡Abuela! He aceptado a Jesús en mi corazón. Ahora entiendo las canciones que solías cantarme". Mi abuela se regocijó y exclamó: "¡Gloria a Dios! Siempre supe que Dios tenía un llamado para ti". Estaba agradecida por esta maravillosa noticia.

Aproximadamente dos días después, un DJ visitó la tienda y el Espíritu Santo me habló interiormente, diciendo: "Cuidado con su oferta, el DJ vendrá a verte". Él entró y preguntó: "¿Podemos hablar afuera?". Acepté y, una vez afuera, él compartió: "Hermano, finalmente he conseguido una gira de seis meses y queremos que seas el artista de apertura para grandes artistas de la industria. Además, tengo conexiones para ayudarte con grabaciones y llevarte al próximo nivel". Me sentí sorprendido y no supe cómo responder. Lo único que pude decir fue: "Espera un momento, acabo de aceptar a Jesús en mi corazón y ahora soy cristiano". Sorprendentemente, él respondió: "Está bien, podemos hacer esta gira. Te dará la oportunidad de predicar a más personas". Fue una oferta tentadora, pero le pedí tres días para orar y dar una respuesta.

Él accedió a llamarme en tres días. El diablo sabía que debía intentar engañarme antes de que profundizara en mi relación con Dios. Pero después de tres días, le informé que no podía aceptar la oferta porque no era lo que Dios quería para mí. Él estaba confundido, sabía cuánto deseaba el éxito y ahora que se me presentaba una oportunidad de oro, la había rechazado. Así que me dejó en paz.

El hermano Franky me disciplinó compartiendo la Palabra de Dios y ayudándome a aprender más sobre Jesús. Instantáneamente, sufrí una transformación que fue evidente para los que me rodeaban. Comencé a predicar de inmediato, al igual que el Apóstol Pablo. Pablo, anteriormente conocido como Saulo, estaba en camino de encarcelar a todos los cristianos cuando experimentó un evento que cambiaría su vida. Mientras viajaba a Damasco, una luz brillante del cielo lo rodeó, haciéndolo caer al suelo. En ese momento, escuchó una voz que decía: "Saulo, Saulo, ¿por qué me persigues?" (Hechos 9:3-7). Aterrorizado y temblando, Saulo preguntó: "¿Quién eres, Señor?" Entonces el Señor respondió: "Yo soy Jesús, a quien estás persiguiendo. Te resulta difícil resistir a la puya". Lleno de asombro, Saulo preguntó: "Señor, ¿qué quieres que haga?" Y el Señor le instruyó que entrara a la ciudad, donde recibiría más orientación.

Los hombres que acompañaban a Saulo permanecieron sin habla, escuchando la voz, pero sin ver a nadie. Saulo se levantó del suelo, sus ojos abiertos, pero no podía ver nada. Lo llevaron de la mano y lo llevaron a Damasco, donde permaneció ciego durante tres días, absteniéndose de comer y beber.

Ves, Dios no solo llama a las personas buenas; también se acerca a los enfermos. No hay limitaciones para la salvación: la clave para ser salvados es el arrepentimiento y la conversión. En Hechos 2:38, Pedro dijo: "Arrepentíos y bautícese cada uno de vosotros en el nombre de Jesucristo para perdón de vuestros pecados, y recibiréis el don del Espíritu Santo".

En Hechos 3:19-21, dice: "Así que, arrepentíos y convertíos, para que sean borrados vuestros pecados; para que vengan de la presencia del Señor tiempos de refrigerio, y él envíe a Jesucristo, que os fue antes anunciado; a quien de cierto es necesario que el cielo reciba hasta los tiempos de la restauración de todas las cosas, de que habló Dios por boca de sus santos profetas que han sido desde tiempo antiguo".

Debemos entender que esta invitación no se basa en lo buenos o malos que seamos. Es para todos aquellos que se acercan y entregan su vida a Jesús, porque él es el puente hacia el Padre. Esto significa que todos fallamos en alcanzar el Reino de Dios, pero Jesús es la pieza faltante del rompecabezas. Yo nunca merecí esta salvación, pero el sacrificio de Jesús fue el sacrificio definitivo para que todos pudiéramos acercarnos a él mediante la gracia, no por ser perfectos. Siempre y cuando nos arrepintamos y nos convirtamos, Jesús perdonará nuestros pecados. Nuestros pecados serán arrojados lejos en el océano y borrados, y un nuevo capítulo comenzará, con Dios escribiendo nuestras nuevas historias. Quedé asombrado por la profunda transformación que experimenté. Sabía que había sido purificado de todo.

Mientras todos a mi alrededor recordaban mis fallos pasados, yo comprendía lo que me había sucedido. Había nacido de nuevo por medio del Espíritu Santo y mi mente estaba siendo renovada. Me encontraba incapacitado para maldecir; mi lenguaje comenzó a cambiar. Podía escuchar la voz de Dios dirigiendo cada uno de mis pasos a través de los impulsos internos del Espíritu Santo, guiándome para evitar ciertas acciones y ser cauteloso con ciertas personas. El deseo de fumar desapareció, reemplazado por anhelo de pasar todo el día leyendo la Biblia. El atractivo de los clubes perdió su encanto, ya que ansiaba estar en la presencia de Dios en la iglesia. La sensación de vivir en los primeros momentos de mi amor hacia el Señor era indescriptible.

Me impactaba profundamente el hecho de que Dios me hubiera elegido. Sin embargo, esto era solo el comienzo de mi viaje, porque a través de mí mucha gente sería conducida a Jesucristo. Y la misma oportunidad está disponible para ti también, si aún no has tomado la decisión de dar este paso en tu vida. Dios desea usarte para su Reino.

CAMINO CON CRISTO

Caminar con Dios no es difícil si te rindes a Él. Cuando caminas con Él, te permites ser moldeado por Él. Esa es la única manera de conocer verdaderamente a Dios. Si el pueblo de Dios hubiera llegado primero a la tierra prometida, nunca habrían sido testigos de la provisión milagrosa de pan del cielo ni de los demás grandes milagros que sucedieron en el desierto. La tierra prometida era una tierra que fluía con leche y miel.

A veces, Dios permite que enfrentemos situaciones desafiantes para revelarse a sí mismo en nuestras vidas. En un lugar de abundancia, es posible que no sintamos la necesidad de Él. Por lo tanto, Dios puede despojarnos de todo lo que tenemos para bendecir nuestras vidas de manera sobrenatural y para que reconozcamos y demos gloria al Señor. Estamos llamados a ser la luz del mundo, guiando a otros a rendirse a Dios. A través de nosotros, el mundo debería poder ver claramente a Jesús.

La vida te presentará muchos obstáculos, pero esos obstáculos no determinan tu destino. Mientras camino en fe, soy sensible al Espíritu Santo, buscando ser llenado y guiado por Él. Ahora, las personas pueden decir que soy una buena persona y generosa con los necesitados, pero nuestra bondad o nuestras obras no pueden borrar la condición del pecado. Todavía podemos pecar a pesar de nuestras buenas intenciones. La Biblia nos dice que solo podemos complacer a Dios viviendo en fe y caminando en el Espíritu. Si no vivimos en el Espíritu, no estamos agradando a Dios. El tiempo es ahora, porque Su venida está cerca.

Hebreos 11:6 dice: "Y sin fe es imposible agradar a Dios, porque es necesario que el que se acerca a Dios crea que él existe y que recompensa a los que lo buscan". No importa qué tan buena persona puedas ser, si no crees en Dios, no será suficiente. Pero ¿qué es la fe? Aquí hay dos definiciones:

1. Confianza completa o seguridad en algo.

2. Creencia sólida en Dios o en las doctrinas de una religión, basada en la aprehensión espiritual en lugar de pruebas.

Hebreos 11:1-3 explica aún más la fe:

1. La fe significa tener seguridad de las cosas que esperamos y saber que algo es real, aunque no lo veamos.

2. La fe es la razón por la que recordamos a las grandes personas que vivieron en el pasado.

3. Es por la fe que entendemos que el mundo entero fue hecho por el mandato de Dios, por lo tanto, lo que vemos fue hecho por algo que no puede ser visto.

La fe nos lleva más allá de lo que podemos ver. Como seres humanos, a menudo creemos en cosas que podemos ver, pero se vuelve más difícil cuando no las podemos ver. Sin embargo, la belleza de tener fe en Dios es que establece un nivel de confianza con Él. Es aquí donde el poder de Dios se manifiesta en la vida de una persona. Existen innumerables testimonios de cómo Dios ha intervenido en la vida de las personas, aunque nunca lo hayan visto físicamente.

La evidencia de su obra está presente. Todo comienza con la fe en Dios, y luego Él se revela de maneras poderosas a la persona. Si hay duda, la obra de Dios puede no ser completamente realizada. En la Biblia, hay muchas historias donde Jesús realizó menos milagros debido a la falta de fe de las personas. Mateo 13:58 dice: "Y no hizo allí muchos milagros, a causa de la incredulidad de ellos". Santiago 1:6-8 dice: "Pero que pida con fe, sin dudar, porque quien duda es como las olas del mar, llevadas y arrastradas por el viento. No piense, pues, quien tal hace, que recibirá cosa alguna del Señor. El hombre de doble ánimo es inconstante en todos sus caminos".

Mi camino con Dios se ha convertido en una nueva forma de vivir. Ya no pienso, visto ni hablo de la misma manera. 2 Corintios 5:17 nos recuerda que si alguien está en Cristo, es una nueva creación. Lo viejo ha pasado, ha llegado lo nuevo. Romanos 12:2 nos exhorta a no conformarnos a los patrones de este mundo, sino a ser transformados por la renovación de nuestra mente, para que podamos discernir la voluntad buena, agradable y perfecta de Dios para nosotros.

En otras palabras, a menos que experimentemos una transformación de nuestra mente por parte de Dios, no podremos entender Su voluntad para nuestra vida. Permíteme hacerte una pregunta, sé honesto contigo mismo: ¿Crees que estás haciendo la voluntad de Dios? ¿Estás seguro de que Dios te ha revelado Su voluntad? Si tienes dudas o aún no estás haciendo Su voluntad, eso indica la necesidad de tu propia transformación por parte de Dios. Esto es fundamental para cualquiera que viva según su propia comprensión. Es comparable a una relación: si no cambias ciertos conceptos en tu mente, la relación fracasará. Lo mismo ocurre con nuestra relación con Dios. Debemos empezar de nuevo, asumiendo Sus enseñanzas y procurando caminar según Su voluntad cada día, no la nuestra.

Ha habido momentos en mi camino en los que confié en mi propia fuerza, pero nunca funcionó. Las cosas que Dios permite en nuestras vidas, como negocios, trabajo, metas y deseos, pueden lograrse siempre y cuando Dios nos guíe hacia ellas. Sin Su dirección, no encontraremos un verdadero éxito en estas áreas.

En primer lugar, cuando te acercas a Dios y te entregas, estás reconociendo que Él toma el control de tu vida. En ese momento, te niegas a ti mismo, tomas tu cruz y sigues a Jesús. Esto significa que serás guiado en cada paso del camino. Mientras permitas que Él revele tu verdadero propósito en la vida, Dios te bendecirá.

Desarrollar una relación con Dios es esencial, y cuando lo haces, todo encajará en su lugar. No tengas prisa, porque al caminar con Dios, eres como un bebé recién nacido. Necesitas aprender a caminar, cómo agradar a Dios y cómo comportarte. Recuerda, representamos a Dios en esta tierra. Como dijo el apóstol Pablo en 1 Corintios 11:1, "Sean imitadores míos, como yo lo soy de Cristo".

Permíteme hacerte dos preguntas. ¿Crees en Dios? ¿Conoces a Dios? Por lo general, hago estas preguntas porque la mayoría de las personas creen en Dios o en alguna forma de ser superior. Pero permíteme decirte algo, incluso el diablo cree en Dios.

Santiago 2:19 dice: "Tú crees que Dios es uno; bien haces. También los demonios creen y tiemblan". En otras palabras, este camino va más allá de la mera creencia.

Santiago 2:14-26 continúa: "Hermanos míos, ¿de qué aprovechará si alguno dice que tiene fe, pero no tiene obras? ¿Podrá la fe salvarlo? Y si un hermano o una hermana están desnudos y tienen falta de alimento cotidiano, y alguno de vosotros les dice: 'Id en paz, calentaos y saciaos', pero no les da las cosas que tienen necesidad para el cuerpo, ¿de qué aprovecha? Así también la fe, si no tiene obras, está muerta".

El factor clave aquí es conocer a Dios. Lamentablemente, el porcentaje de personas que realmente conocen a Dios es tan pequeño en comparación con aquellos que dicen creer, pero no han tenido una experiencia genuina con Él. ¿Cómo puedes creer en algo que no conoces? Este camino con Jesús se trata de tener una relación con Él para que Dios pueda revelarte el verdadero propósito por el cual fuiste creado. Tu identidad está oculta en las manos de Dios. Todo lo que necesitas hacer es rendirte a Él. El problema es que a menudo priorizamos todo lo demás antes que a Dios, olvidando que todo lo que tenemos es porque Dios nos lo ha permitido para nuestro beneficio. Olvidamos que la sabiduría, el talento, la inteligencia y todo lo bueno provienen de Dios.

Mateo 22:37: Jesús le dijo: "Amarás al Señor tu Dios con todo tu corazón, con toda tu alma y con toda tu mente".

Mateo 6:33: Pero busca primero el reino de Dios y su justicia, y todas estas cosas te serán añadidas.

En otras palabras, Dios te espera para que te entregues a Él y así pueda abrir las puertas del cielo y bendecir tu vida. No puedo prometerte una vida perfecta, pero puedo mostrarte el camino verdadero a través de Jesucristo. Si hubiera seguido viviendo mi antiguo estilo de vida, habría enfrentado situaciones desafiantes. Vivir para complacer a otros o vivir por una imagen o reputación puede ser increíblemente estresante.

Requiere sacrificios, como cualquier otro camino en la vida. Sin embargo, vivir una vida de doble mente solo crea un muro que te mantiene atrapado y te impide avanzar. Pero aquí está la buena noticia: puedes comenzar de nuevo, puedes levantarte. Todo lo que necesitas es entregarte a Cristo, comenzar a orar y leer la Biblia. La próxima parte es desafiante porque tendrás que evaluar y posiblemente cortar lazos con ciertas personas de tu círculo. ¿Por qué es necesario? Bueno, si quieres convertirte en emprendedor, por ejemplo, rodearte de personas ambiciosas que estén al mismo nivel o incluso superen tu nivel de ambición es crucial.

Hay dos cosas que debes considerar para determinar si te estás rodeando de las personas adecuadas:

1. Si te rodeas de personas improductivas, eventualmente te volverás improductivo también.

2. Si te rodeas de personas productivas, tu lado competitivo surgirá y tus talentos brillarán.

Como cristiano, las batallas vendrán, las pruebas vendrán y las tormentas vendrán. Sin embargo, la Biblia enseña que la persona sabia que construye su casa sobre la Roca nunca caerá. Por el contrario, la persona insensata que construye su casa sobre la arena enfrentará una gran ruina.

Mateo 7:24-27:

24 "Así que, cualquiera que oye estas palabras mías y las pone en práctica, será como un hombre sabio que construyó su casa sobre la roca. 25 descendió la lluvia, Vinieron los torrentes, Soplaron los vientos y golpearon

aquella casa; y no cayó, porque estaba fundada sobre la roca. 26 pero cualquiera que oye estas palabras mías y no las pone en práctica, será como un hombre insensato que construyó su casa sobre la arena. 27 descendió la lluvia, Vinieron los torrentes, Soplaron los vientos y golpearon aquella casa; y cayó, y grande fue su caída".

Me encanta esta parábola porque ilustra la importancia tanto de escuchar como de aplicar las palabras de Dios. El hombre sabio, que pone en práctica las enseñanzas, construye una casa resistente sobre una base sólida. A pesar de las tormentas y desafíos que llegan, su casa permanece en pie. Por otro lado, el hombre insensato escucha las mismas palabras, pero no actúa conforme a ellas. Construye su casa sobre la arena y cuando llegan las tormentas, la casa se derrumba. Esta parábola enfatiza la importancia de tomar acción en nuestra fe.

Para todas las madres que esperan ansiosas que sus hijos regresen a casa sanos y salvos, que se preocupan por su bienestar y temen que puedan meterse en problemas, quiero animarlas a nunca perder la esperanza y confiar en el Señor. Cuando encomiendes a tus hijos a las manos de Dios y ores fielmente por su protección, él será su guardián en cada situación. Puedo dar testimonio de esto a través de mis propias experiencias.

Cada vez que enfrenté situaciones peligrosas, sentí el escudo de la protección de Dios rodeándome, gracias a las fervientes oraciones de mi abuela. Recuerda que las respuestas a la oración no siempre llegan al instante. Así como mi abuela esperó fielmente durante 23 años para presenciar la salvación de siete miembros de la familia, Dios obra de maneras misteriosas y en su tiempo perfecto. A veces, la transformación ocurre instantáneamente, mientras que otras veces lleva tiempo y moldeamiento. El viaje de cada persona es diferente, dependiendo de su disposición para rendirse a Dios.

A aquellos que están atrapados en el estilo de vida de pandillero, quiero decirles que aún hay esperanza de un futuro mejor. No crean las mentiras de la riqueza fácil y la atracción de la vida rápida. Esas promesas son vacías y conducen al fracaso. En cambio, inviertan en su futuro. Si están leyendo este libro y han sido tocados por su mensaje, no se detengan ahí. Tomen acción, así como lo hizo el hombre sabio. Persigan su educación, ya sea que signifique obtener su Hiset (GED) si no terminaron la escuela secundaria o continuar en la universidad. He aprendido que el miedo puede detenerte, pero con la fuerza de Dios, puedes superarlo.

Amen."

Otro Poderoso Libro Llamado Mas all De Mis Heridas!

De las calles al Altar
ALTAR
UN ENCUENTRO CON JESÚS
TONY MEJÍA

Made in the USA
Middletown, DE
15 October 2024